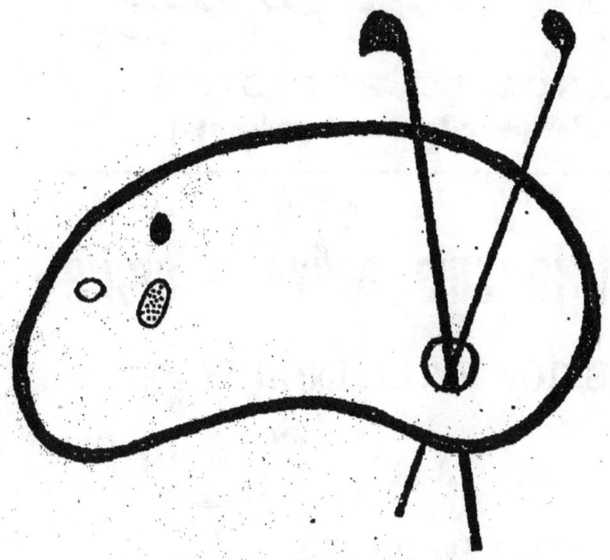

DEBUT D'UNE SERIE DE DOCUMENTS
EN COULEUR

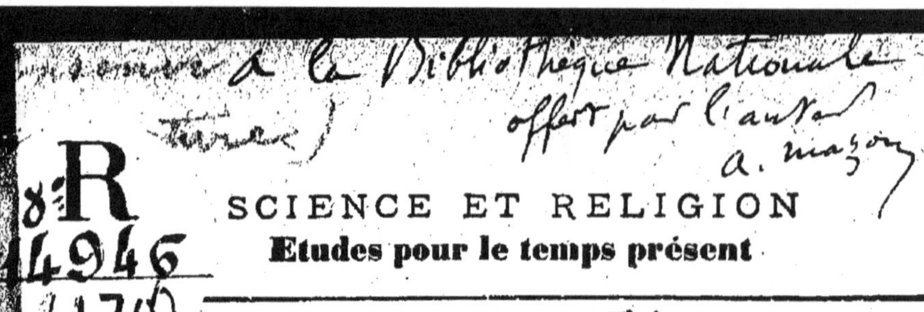

SCIENCE ET RELIGION
Etudes pour le temps présent

170

Comment je suis arrivé à croire

CONFESSION D'UN INCROYANT

PAR LE

Dr FRANCUS

PARIS

LIBRAIRIE B. BLOUD

4, RUE MADAME ET RUE DE RENNES, 59

1901

SCIENCE ET RELIGION

Études pour le temps présent. — Prix : 0 fr. 60 le vol.

— **Certitudes scientifiques et certitudes philosophiques**, par le R. P. DE LA BARRE, S. J., prof. à l'Institut catholique de Paris.   1 vol.
— *Du même auteur :* **L'Ordre de la nature et le Miracle.**   1 vol.
— **L'Ame de l'homme**, par J. GUIBERT, supérieur du séminaire de l'Institut catholique de Paris.   1 vol.
— **Faut-il une religion ?** par l'abbé GUYOT.   1 vol.
— *Du même auteur :* **Pourquoi y a-t-il des hommes qui ne professent aucune religion ?**   1 vol.
— **Nécessité scientifique de l'existence de Dieu**, par P. COURBET.   1 vol.
— *Du même auteur :* **Jésus-Christ est Dieu.**   1 vol.
    id.   **Convenance scientifique de l'Incarnation.**   1 vol.
— **Études sur la pluralité des mondes habités et le dogme de l'Incarnation**, par le R. P. ORTOLAN.
    I. — *L'Epanouissement de la vie organique à travers les plaines de l'infini.*   1 vol.
    II. — *Soleils et terres célestes.*   1 vol.
    III. — *Les Humanités astrales et l'Incarnation.*   1 vol.
— *Du même auteur :* **La Fausse Science contemporaine et les Mystères d'Outre-tombe.**   1 vol.
    id.   **Vie et Matière ou Matérialisme et spiritualisme en présence de la Cristallogénie.**   1 vol.
    id.   **Matérialistes et Musiciens.**   1 vol.
— **L'Au-delà ou la Vie future d'après la foi et la science**, par l'abbé J. LAXENAIRE.   1 vol.
— **Le Mystère de l'Eucharistie. — Aperçu scientifique**, par l'abbé CONSTANT.   1 vol.
— *Du même auteur :* **Le Mal, sa nature, son origine, sa réparation.**   1 vol.
— **L'Eglise catholique et les Protestants**, par G. ROMAIN.   1 vol.
— *Du même auteur :* **L'Inquisition, son rôle religieux, politique et social.**   1 vol.
— **Mahomet et son œuvre**, par I. L. GONDAL, professeur d'apologétique et d'histoire au séminaire Saint-Sulpice.   1 vol.
— *Du même auteur :* **L'Eglise Russe.**   1 vol.
— **Christianisme et Bouddhisme** (*Etudes orientales*), par l'abbé THOMAS, vicaire général de Verdun.   2 vol.
— *Du même auteur :* **Dieu auteur de la vie.**   1 vol.
    id.   **La Fin du monde d'après la Foi.**   1 vol.
— **Où en est l'hypnotisme, son histoire, sa nature et ses dangers**, par A. JEANNIARD DU DOT, auteur du *Spiritisme dévoilé*.   1 vol.
— *Du même auteur :* **Où en est le Spiritisme.**   1 vol.
    id.   **L'Hypnotisme et la science catholique.** 1 vol.
    id.   **L'Hypnotisme transcendant en face de la philosophie chrétienne.**   1 vol.

— **L'Apologétique historique au XIXe siècle. La Critique irréligieuse de Renan**, etc., par l'abbé Ch. Denis. 1 vol.

— **Nature et Histoire de la liberté de conscience**, par l'abbé Canet. 1 vol.

— **L'Animal raisonnable et l'Animal tout court**, par C. de Kirwan. 1 vol.

— **La Conception catholique de l'Enfer**, par l'abbé Brémond. 1 vol.

— **L'Attitude du catholique devant la Science**, par G. Fonsegrive. 1 vol.

— *Du même auteur* : **Le Catholicisme et la Religion de l'Esprit.** 1 vol.

— **Du Doute à la Foi**, par le R. P. Tournebize, S. J. 1 vol.

— *Du même auteur* : **Opinions du jour sur les peines d'outre-tombe.** 1 vol.

— **La Synagogue moderne**, sa doctrine et son culte, par A. F. Saubin. 1 vol.

— *Du même auteur* : **Le Talmud et la Synagogue moderne.** 1 vol.

— **Evolution et Immutabilité de la doctrine religieuse dans l'Eglise**, par M. Prunier, supérieur de grand séminaire. 1 vol.

— **La Religion spirite**, son dogme, sa morale et ses pratiques, par I. Bertrand. 1 vol.

— *Du même auteur* : **L'Occultisme ancien et moderne.** 1 vol.

— **L'Hypnotisme franc et l'Hypnotisme vrai**, par le Docteur Hélot. 1 vol.

— **L'Eglise et le Travail manuel**, par l'abbé Sabatier. 1 vol.

— **Unité de l'espèce humaine**, *prouvée par la similarité des conceptions et des créations de l'homme*, p. le marquis de Nadaillac. 1 vol.

— *Du même auteur :* **L'Homme et le Singe.** 2 vol.

— **Le Socialisme contemporain et la Propriété**, par M. G. Ardant. 1 vol.

— **Pourquoi le Roman à la mode est-il immoral et pourquoi le Roman moral n'est-il pas à la mode ?** p. G. d'Azambuja. 1 vol.

— **Comment se sont formés les Evangiles ?** par le P. Th. Calmes, professeur au grand séminaire de Rouen. 1 vol.

— **L'Impôt et les Théologiens**, *Etude philosophique, morale et économique*, par le comte de Vorges, ancien ministre plénipotentiaire, membre de l'Académie de Saint-Thomas, etc., etc. 1 vol.

— *Du même auteur :* **Les Ressorts de la Volonté et le libre arbitre.** 1 vol.

— **Nécessité mathématique de l'existence de Dieu.** *Explications. — Opinions, Démonstrations*, par René de Cléré. 1 vol.

— **Saint Thomas et la Question juive**, par Simon Deploige, professeur de l'Université Catholique de Louvain. 1 vol.

— **Premiers principes de Sociologie Catholique**, par l'abbé Naudet. 1 vol.

— **La Patrie.** — *Aperçu philosophique et historique*, par J. M. Villefranche. 1 vol.

— **Le Déluge de Noé et les races Prédiluviennes**, par C. de Kirwan. 2 vol.

— **La Saint-Barthélemy**, par Henri Hello. 1 vol.

— **L'Esprit et la Chair.** *Philosophie des macérations*, par Henri Lasserre, auteur de *Notre-Dame de Lourdes*, etc., etc. 1 vol.

— **Le Levier d'Archimède ou la Mécanique céleste et le Céleste mécanicien**, par le R. P. ORTOLAN. 2 vol.

— **Ce que le Christianisme a fait pour la femme**, par G. d'AZAMBUJA. 1 vol.

— **L'Hypnotisme et la Stigmatisation**, par le Dr IMBERT-GOURBEYRE. 1 vol.

— **L'Education chrétienne de la Démocratie**, *essai d'apologétique sociale*, par ч. CALIPPE. 1 vol

— **La Religion catholique peut-elle être une science ?** par l'abbé G. FRÉMONT. 1 vol.

— *Du même auteur :* **Que l'Orgueil de l'Esprit est le grand écueil de la Foi**, *Théodore Jouffroy, Lamennais, Ernest Renan.* 1 vol.

— **La Révélation devant la Raison**, par F. VERDIER, supérieur de Grand Séminaire. 1 vol.

— **Confréries musulmanes.** — *Histoire, Discipline, Hiérarchie,* par le R. P. PETIT. 1 vol.

— **Pratique de la Liberté de conscience dans nos Sociétés contemporaines**, par l'abbé CANET. 1 vol.

— **Comment peut finir l'Univers**, d'après la science, par C. de KIRWAN. 1 vol.

— **Les Théories modernes de la Criminalité**, par le Docteur DELASSUS. 1 vol.

— **Faillite du Matérialisme**, par Pierre COURBET, 3 vol. *se vendant séparément :*

I. — *Historique.* 1 vol.
II. — *Discussion ; l'atome et le mouvement.* 1 vol.
III. — *Discussion ; l'éther, les gaz, l'attraction. Conclusion. —Appendice.* 1 vol.

— **Le Globe terrestre**, par A. DE LAPPARENT, Membre de l'Institut, professeur à l'Ecole libre des Hautes Etudes, 3 vol. *se vendant séparément.*

I. — *La Formation de l'écorce terrestre.* 1 vol.
II. — *La nature des mouvements de l'écorce terrestre.* 1 vol.
III. — *La Destinée de la terre ferme et la Durée des temps.* 1 vol.

— **De la Connaissance du Beau**, *sa définition, application de cette définition aux beautés de la nature,* par l'abbé GABORIT, archiprêtre de la Cathédrale de Nantes. 1 vol.

— **Le Diable dans l'Hypnotisme**, par le docteur Ch. HÉLOT. 1 vol.

— **De la Prospérité comparée des nations protestantes et des nations catholiques**, *au point de vue économique, moral, social,* par le R. P. FLAMÉRION, S. J. 1 vol.

— **L'Art et la Morale**, par le P. SERTILLANGES, dominicain, docteur en théologie. 1 vol.

— **La Sorcellerie**, par I. BERTRAND. 1 vol.

— **Qu'est-ce que l'Ecriture sainte ?** *Les Livres inspirés dans l'antiquité chrétienne : Théorie de l'inspiration,* p. le P. Th. CALMES. 1 vol.

— **Les Morts reviennent-ils ?** par I. BERTRAND. 1 vol.

(*Demander la liste* **complète** *des volumes* **Science et Religion,** *parus à ce jour*).

ST-AMAND (CHER). — IMPRIMERIE DESTENAY, BUSSIÈRE

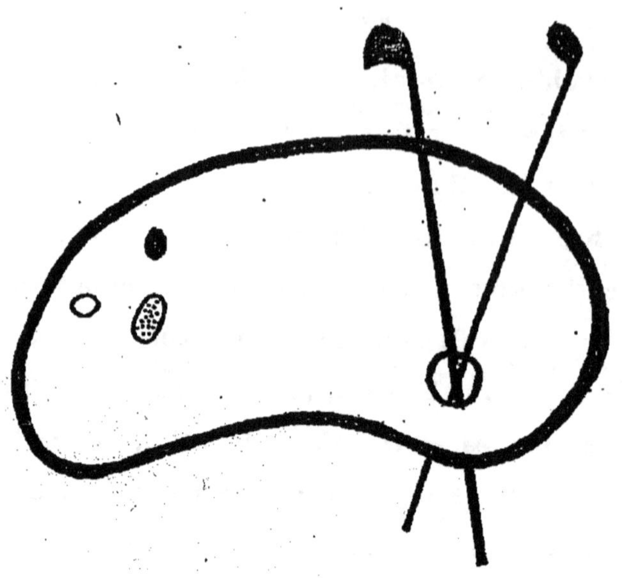

FIN D'UNE SERIE DE DOCUMENTS
EN COULEUR

COMMENT JE SUIS ARRIVÉ A CROIRE

CONFESSION D'UN INCROYANT

SCIENCE ET RELIGION
Etudes pour le temps présent

Comment je suis arrivé à croire

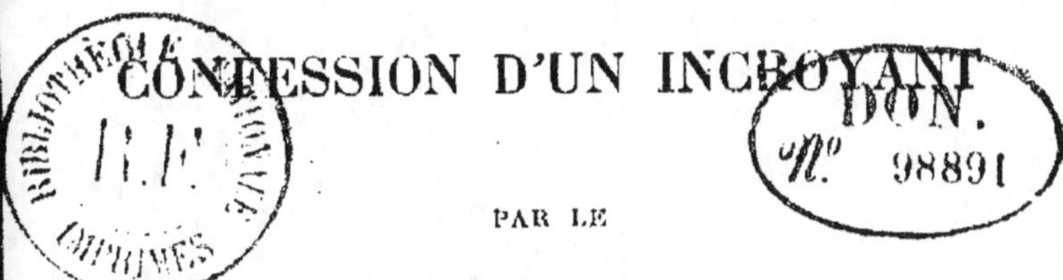

CONFESSION D'UN INCROYANT

PAR LE

Dʳ FRANCUS

PARIS

LIBRAIRIE B. BLOUD

4, RUE MADAME ET RUE DE RENNES, 59

1901

AU LECTEUR

Ceci n'est pas un traité philosophique ou religieux, mais simplement le résumé de Notes de
conscience intime laissées par un homme qui, après
avoir été libre penseur, à la façon dont on entend
ce mot, c'est-à-dire hostile à toute idée religieuse,
s'est retrouvé, dans la suite des temps, par l'effet
de la réflexion et de l'expérience, ramené à des
conceptions différentes sur Dieu, sur l'univers, sur
la nature humaine et sur la religion chrétienne.

L'auteur, mort récemment, a été, même pendant
les aveuglements de sa jeunesse, un curieux ob-
servateur du monde et de lui-même. Le fond de
son caractère était une complète indépendance
d'esprit, une franchise sans limites, et un mépris
absolu du qu'en dira-t-on ? Mais, après avoir eu
toutes les hardiesses de l'esprit, il avait compris
qu'il fallait les tempérer par cette sorte de raison
pratique qu'on appelle le bon sens. Par suite de
quoi, il préférait les simples aux philosophes, non
pas aux vrais, qui sont rares, mais aux faux dont
la société est pleine, prisant fort peu notamment
ceux d'outre-Rhin et leurs imitateurs de ce côté des
Vosges, les uns et les autres lui apparaissant pour
la plupart comme de parfaits pédants. Il causait
plus volontiers avec un paysan qu'avec un lettré,
trouvant plus de droiture naturelle dans les âmes

incultes, et persuadé qu'à défaut de science acquise, c'est là qu'on trouve mieux cette science infuse, qui, pareille à l'instinct des animaux, leur découvre, même dans l'ordre métaphysique, des vérités qui restent cachées à la science orgueilleuse. Il avait cru longtemps à la bonté native de l'homme, mais il avait dû en rabattre, non seulement à cause des tristes résultats historiques de cette théorie, mais encore parce que l'observation lui avait démontré l'action profonde des climats, des circonstances et de l'atavisme, le tout, d'ailleurs, modifiable sous l'influence religieuse. Il ne séparait pas l'honnêteté de la vie de la rectitude de la pensée et croyait que toute lacune dans l'une avait nécessairement son contre-coup dans l'autre. Il avait en horreur les politiciens et les esprits forts et ne voyait guère dans ces derniers qu'une forme spéciale de débilité intellectuelle. Il se défiait particulièrement des suggestions que peuvent nous fournir l'amour-propre ou la vanité, et disait que si la réserve et l'humilité pouvaient être mises en potion, c'est celle dont nous aurions tous le plus besoin de faire usage.

Il passait, parmi ses amis et connaissances, pour être plus songeur que savant, mais il y avait unanimité pour dire de lui : C'est un brave homme et un homme de bon sens ; et c'était l'éloge dont il était le plus fier intérieurement, car autrement personne n'avait une plus modeste opinion de soi-même. Dans sa conversation comme dans ses écrits, il dédaignait les arguties et croyait être dans l'esprit du génie français comme dans celui de la langue française, en n'admettant que des idées claires confinant à des solutions pratiques.

Ces notes sont une sorte de récit de voyage à travers la forêt du doute, voyage qui a duré plus

d'un quart de siècle, et au bout duquel il s'était convaincu que la religion chrétienne n'a pas de plus grand ennemi que l'ignorance ou des préjugés faciles à dissiper par un examen approfondi et de bonne foi ; que, plus on étudie ses dogmes et sa doctrine, plus on y trouve de sagesse et de raison ; enfin que sa pratique elle-même est infiniment plus aisée qu'on ne pense, et que là seulement se trouve le repos d'âme auquel chacun de nous aspire invinciblement. Et, comme il y avait trouvé ce repos, il nous a semblé que la lecture de ces notes pouvait présenter un véritable intérêt, ou même servir de guide, aux voyageurs de l'heure présente égarés dans les parages difficiles où il a si longtemps erré. C'est pourquoi...
Nous lui laissons la parole.

Docteur FRANCUS.

COMMENT
JE SUIS ARRIVÉ A CROIRE

CONFESSION D'UN INCROYANT

I

LE PREMIER DES MOBILES ANTI-CHRÉTIENS

En cherchant dans mes souvenirs la plus lointaine histoire de ma métaphysique, je trouve qu'elle a débuté par une foi simple et naïve à l'enseignement religieux que je recevais. Et je pense qu'il en a été pour tout le monde à peu près de même. La nature étant pleine de mystères dont l'existence s'impose, l'acceptation des dogmes traditionnels, qui en donnent l'explication, est beaucoup plus naturelle chez l'enfant que leur négation, car il faut à l'esprit quelque temps et quelque étude avant qu'il songe à les discuter.

Les avais-je bien examinés quand je me suis déclaré libre penseur? Etais-je bien capable d'abord de faire cet examen? Cela me paraît aujourd'hui plus que douteux. Le fait est que je les rejetai, agissant en cela comme le plus grand nombre, sous une influence qui n'était pas celle de l'esprit.

Quand on songe aux services qu'a rendus le christianisme à la pauvre humanité, la première pensée est de dire de lui ce qu'on a dit de Dieu lui-même que, s'il n'existait pas, il faudrait l'inventer. Et cependant il y a, il y a eu et il y aura probablement toujours dans certaines têtes une sorte de rage contre lui.

Pourquoi cela ? La cause est facile à trouver. Elle est dans l'obligation qu'il impose à l'homme de refréner ses passions. C'est pourquoi l'homme vicieux est naturellement son ennemi comme le malfaiteur est l'ennemi du gendarme.

De même, le jeune homme, une fois émancipé, devient facilement, s'il n'a pas reçu une éducation solide, l'ennemi de la religion. Il est dominé par les sens, quand il ne l'est pas par des principes supérieurs. Il peut en être quelquefois autrement, mais c'est l'exception. Quant à moi, j'avoue très humblement qu'une des raisons qui me firent éloigner de la religion de mon enfance et chercher les moyens de lui substituer un simple déisme, c'est que je la trouvai gênante. On ne peut pas, si on accepte sa règle, se livrer à ses passions, et l'on sait à quelles passions violentes la jeunesse est en butte.

L'histoire m'a montré, depuis, dans cette même cause, le gros secret — qui n'en est pas un — des succès du protestantisme : demandez à Luther, à Henri VIII d'Angleterre et à toute la bande de moines défroqués dont le premier soin fut, sortis de leurs couvents, de chercher femme.

Sommes-nous meilleurs aujourd'hui ? L'influence de la chair sur l'esprit est-elle moindre en notre siècle de lumières ? « Ce qui est en conflit avec l'esprit chrétien, dit un économiste, c'est moins encore la science nouvelle et l'esprit moderne avec ses confuses aspirations, que les vieux instincts païens, les concupiscences de la chair et l'orgueil de la vie débridés par les siècles. L'idolâtrie de la nature, l'idolâtrie de l'homme érigé en Dieu : tel est le nouveau culte auquel semble revenir notre civilisation occidentale (1) ».

Les Francs-Maçons, dans lesquels on peut voir, d'ailleurs, une branche, ou plutôt une excroissance toute naturelle du protestantisme, ne cachent pas, dans leurs convents, leurs principes de morale intime. Pour eux, la morale catholique n'est qu'un mentor revêche et grognon qui refuse aux pauvres humains toute espèce de satisfactions. Pour se rendre la vie supportable, ils font de la nature leur directeur de conscience. Foin de la continence et de toute espèce de privations ! Ils veulent qu'on laisse aux passions leur cours naturel, limité seulement par l'intérêt bien entendu. Voilà la morale à laquelle l'excellent docteur Blatin, un célèbre Maçon d'Auvergne, faisait allusion récemment, quand il disait que les Maçons trouvent licites bien des choses que les catholiques trouvent illicites, et réciproquement (2).

La sensualité et l'orgueil : voilà les deux grands ennemis du christianisme. En confessant l'influence du premier, je ne peux guère offusquer que les hypocrites. Nous retrouverons trop tôt l'influence du second.

(1) LEROY-BEAULIEU, *Revue des Deux-Mondes*, 1891, p. 812.
(2) Convent maçonnique de 1895.

II

L'IDÉE DE DIEU

Après les passions, qui, d'ailleurs, s'effaçaient soigneusement derrière des motifs plus avouables, le sentiment qui me paraît avoir joué le rôle le plus important dans cette première évolution de mes idées, est un mélange d'orgueil juvénile et d'esprit de révolte contre toute autorité : deux penchants innés dans l'homme, qui ne sont peut-être pas absolument condamnables en eux-mêmes et qui ont leur bon et leur mauvais côté, mais qui ont singulièrement besoin d'un guide ou d'un modérateur.

Notre égoïsme naturel fait de nous-même le centre de l'univers. Notre raison superbe veut que tout lui soit soumis. Nous voulons tout pénétrer. Nous croyons tout savoir, et ce n'est qu'à la longue, à force d'étude — ceux qui étudient — après beaucoup de déceptions — ce qui ne manque à personne — qu'on finit par s'apercevoir qn'on ne sait rien ou pas grand chose. Quelques-uns alors se demandent si ces traditions, ces dogmes, ces mystères, contre lesquels s'était insurgée leur intelligence, ne cachent pas un sens profond. Ce sont les plus philosophes qui en arrivent là. Les esprits bornés se buttent dans leurs négations, impuissants à en saisir davantage, se croyant cependant plus forts que les autres, tandis qu'ils font simplement preuve de leur ignorance de la nature humaine et des enseignements de l'histoire.

Avant d'arriver à ce tournant psychologique, j'étais anti-chrétien, mais non pas athée.

Ab Jove principium. En rencontrant Dieu sur son chemin, ma libre pensée ne l'avait méconnu qu'à demi.

Dans tout sujet d'étude, un esprit méthodique cherche, pour élucider la question, à l'envisager d'ensemble, à la résumer, à la synthétiser. Et c'est ainsi que j'avais admis d'abord Dieu comme l'incarnation des mystères du monde, le grand X qu'il appartient à chacun de déchiffrer selon les ressources de son intelligence. Il m'a toujours semblé que le véritable athéisme était un non sens, une impossibilité, s'appliquant à l'une ou l'autre des formes sous lesquelles notre esprit cherche à se représenter Dieu, et que l'idée même de Dieu était bien au-dessus de tout cela, puisqu'il est : en fait, le mystère lui-même qui se manifeste partout, et en esprit le résumé et la perfection de nos conceptions les plus idéales.

Les Francs-Maçons du Grand Orient ont récemment supprimé le Grand Architecte de l'Univers, ce qui était leur façon de nommer Dieu, et chacun sait que cela n'a donné, ni en France ni à l'étranger, une haute idée de leur esprit. Aux objections venues d'Angleterre et d'Amérique, ils ont répondu qu'ils avaient supprimé Dieu pour ne pas blesser les athées qui ne le comprennent pas. Mais, dans ce cas, que de suppressions à faire ! Est-ce que nous comprenons mieux la chaleur, l'électricité, la lumière, la pesanteur, que les athées ne comprennent

Dieu ? — Ce sont des faits, dira-t-on, qui sont l'indice de forces inconnues. Puisqu'on ne refuse pas un nom à ces forces inconnues, n'y a-t-il pas quelque puérilité à proscrire le nom qui, au point de vue philosophique, est la synthèse de toutes les grandeurs et de toutes les forces inconnues ?

L'athéisme est une conclusion qui témoigne d'une véritable lacune morale et intellectuelle. Est-ce que personne a jamais soutenu qu'une montre pouvait exister sans un ouvrier ? Or, le monde est un immense objet d'art, plein d'obscurités sans doute, mais où éclatent, d'autre part, une harmonie et un ordre admirables, et plus difficile à construire certainement qu'une montre. Si l'on est en droit de taxer d'aveuglement et de folie celui qui dirait qu'une montre s'est fabriquée toute seule, à plus forte raison celui qui dirait la même chose du monde.

Il y a donc un ouvrier. Nous l'appelons Dieu. On peut lui donner un autre nom, mais le fond reste le même, c'est-à-dire que la montre est toujours là, témoignant par son existence de celle de l'ouvrier.

Nous ne le comprenons pas sans doute, mais quoi d'étonnant, étant donnée l'infinité de sa grandeur et de notre petitesse ! Est-ce une raison pour nier son existence, surtout quand, à chaque détour du chemin, cette redoutable entité métaphysique se dresse en face de la pauvre humanité, lui posant chaque fois des questions insolubles en dehors de l'idée divine ? Au reste, en y regardant bien, n'est pas athée qui veut ; la preuve, c'est qu'il ne faut pas presser longtemps un athée pour l'amener à émettre une idée ou un nom : Nature, Hasard, Destin ou Force des choses, qui soit en contradiction avec son prétendu athéisme, puisqu'il répond, avec plus ou moins de irconlocutions, à l'idée fondamentale que les autres se font de Dieu.

Les panthéistes qui ne veulent pas admettre un Dieu personnel et distinct de la matière et qui soutiennent que le monde a existé de toute éternité, me paraissent agrandir et compliquer le problème plutôt que le résoudre. Outre que le simple bon sens repousse leur système, on peut se demander si nous sommes plus avancés aujourd'hui que du temps de Gœthe qui disait à Eckermann : « Je n'ai pas encore rencontré une personne qui sache ce que le mot panthéisme signifie ».

De quelques distinctions et analyses subtiles qu'usent les philosophes, l'esprit humain, poussé par une curiosité invincible à remonter d'une cause à l'autre, ne peut être satisfait que lorsqu'il doit s'incliner devant une cause suprême, qu'il ne comprend pas sans doute, mais qui, sous son voile mystérieux, répond à l'idée, innée en lui, qu'il n'y a pas d'effet sans cause.

Invisible à nos sens, Dieu est indispensable à notre esprit, et la vie de l'âme ne se comprend pas plus sans lui que celle de la terre sans le soleil.

Les astronomes nous ont démontré que la terre tournait à la fois sur elle-même, ce qui fait le jour et la nuit, et autour du soleil, en lui présentant successivement ses deux hémisphères, ce qui fait l'été et l'hiver pour les diverses parties du monde.

De même Dieu est le soleil intellectuel et moral autour duquel tourne l'humanité. Notre esprit ne peut pas plus le comprendre que nos yeux ne peuvent fixer le soleil. Mais l'un et l'autre nous éblouissent de leurs rayons, et il ne faut pas chercher bien longtemps pour trouver les relations qui existent entre les révolutions humaines et les éclipses partielles ou passagères de l'idée divine sur notre planète.

Et voilà pourquoi, au plus fort de ma libre pensée, j'aurais trouvé puéril de nier Dieu.

Le grand ennemi de Dieu dans ce pauvre monde est indiqué dans la boutade d'un humouriste : Au commencement du monde, Dieu créa l'homme à son image; mais l'homme lui a bien rendu la pareille.

Il est certain que les plus sages n'échappent pas à cet anthropomorphisme. Nous faisons toujours plus ou moins Dieu semblable à nous-mêmes ; nous lui prêtons trop facilement nos petites passions, nos petites idées, et c'est en le trouvant ainsi défiguré que les gens de petite cervelle croient pouvoir dire : Vous voyez bien : Dieu ne peut pas être ainsi, donc Dieu n'existe pas !

Rien n'est plus naturel après tout que l'anthropomorphisme, et je me demande comment on pouvait y échapper, même après les sublimes visions de la Bible ; mais il me semble que depuis l'Evangile il y a quelque chose de changé.

III

NÉCESSITÉ D'UNE RELIGION ET D'UN CULTE

Après avoir reconnu Dieu, il fallut quelque temps
à ma libre pensée pour comprendre que son existence impliquait la nécessité d'une religion, par quoi
j'entends une façon pour l'homme de régler ses rapports avec l'idéal divin.

Je ne pouvais méconnaître aussi l'utilité sociale de
la religion. Les philosophes de tous les temps l'ont
reconnue, et l'expérience des siècles la confirme ; on
ne connaît pas de société humaine qui n'ait eu à sa
base une religion quelconque. Si l'on peut admettre
que l'individu, très éclairé et très moral déjà, puisse
trouver en lui assez de lumière et de force pour s'en
passer, il est évident qu'elle est nécessaire à la
masse ignorante et impressionnable. Son influence
pénètre aux régions du cœur inaccessibles aux lois
humaines. Elle crée l'ordre dans le monde moral
et constitue la loi des âmes. Hors d'elle, c'est le
chaos et l'anarchie. Elle est tellement dans la nécessité des sociétés humaines qu'on ne détruit jamais
une religion que pour lui en substituer une autre,
de même qu'en politique on ne renverse jamais un
gouvernement que pour en mettre un autre à sa

2

place. Manquer de religion, c'est manquer d'un sens ; c'est aussi manquer de justice, et Cicéron a justement dit : *Pietas est justitia ergà Deum*.

La religion est à l'immense majorité des hommes ce que l'instinct est aux animaux. N'étant pas philosophe, heureusement pour elle, la masse a reçu, infusée dans son sang, toute la dose de métaphysique nécessaire à son existence, laquelle se résume dans le sentiment religieux, dans le besoin de croire en Dieu et de se faire une loi morale. Et ce n'est pas sans raison qu'un éminent physiologiste (1) assigne à l'homme la faculté religieuse comme son caractère distinctif, le trait qui le sépare le mieux de l'animal. Cette faculté est le fondement de la morale, car si la morale ne descend pas de Dieu, si elle n'est qu'un produit de la raison humaine, elle ne peut avoir qu'une valeur relative et reste à la merci de sa créatrice. C'est pourquoi, après avoir cru un certain temps à ce qu'on a appelé la *morale indépendante*, j'ai été amené avec le temps à n'y voir qu'une conception absurde, ou tout au moins d'une application extrêmement restreinte.

De même que la terre est liée au soleil par la force centripète, il faut que la conscience humaine soit *religata* à son soleil moral qui est Dieu. C'est par cette attraction divine qu'elle peut contrebalancer la force centrifuge, formée par sa mauvaise nature et par ses passions, qui la conduiraient aux abîmes sans le providentiel contrepoids de l'autre.

Les fondateurs de la nouvelle école dite *positiviste* veulent qu'on fasse abstraction de tout ce qui est hors de la portée de notre esprit et qu'on renonce à s'occuper de Dieu comme étant l'Inconnaissable. Donc, pas de religion. Mais l'inanité de ce rai-

(1) M. de QUATREFAGES.

sonnement saute aux yeux. L'inconnaissable n'en reste pas moins, malgré les plus belles théories, la force attractive qui porte l'âme humaine vers un monde supérieur — comme les animaux et les plantes vers la lumière — sans parler des ténèbres, du vide et du néant qu'elle rencontre en dehors de là. Elle est donc invinciblement poussée à une religion quelconque.

Je me suis souvent demandé s'il pouvait exister une théologie capable de satisfaire à la fois une minorité raisonneuse, plus ou moins savante, amoureuse d'analyses à perte de vue, et la masse simple, croyante et synthétique.

Ne sommes-nous pas dans le monde comme les voyageurs dans une diligence, où l'un craignant le froid veut tout fermer, et l'autre craignant le chaud veut tout ouvrir ?

N'est-il pas raisonnable de faire des concessions à ceux qui paraissent en avoir le plus besoin, et n'est-ce pas à leur empressement à sacrifier leurs aises et leurs convenances à ceux du prochain, que l'on reconnaît les gens bien élevés et les meilleurs caractères ?

Puisqu'il n'y a pas de théologie qui puisse satisfaire tout le monde à la fois, n'est-ce pas aux plus intelligents, ou se croyant tels, à se mettre au niveau des autres, non pas en sacrifiant leurs opinions intimes qui ne relèvent que de leur conscience, mais en ne cherchant pas à imposer à la masse, dont l'esprit est différent du leur, leur propre manière de voir, sur des questions où, d'ailleurs, le plus savant n'en sait pas davantage que le plus ignorant.

Quelque supérieurs qu'ils puissent se croire au commun des martyrs, ils ne peuvent ignorer qu'ils sont sujets aussi à bien des erreurs, et un peu d'humilité ne serait-elle pas la plus belle preuve d'intelligence qu'ils pourraient donner ?

En même temps qu'elle munissait chaque individu de l'outil le plus nécessaire au travail de la vie, la religion apprenait aux pasteurs des peuples le seul moyen de bien garder leur troupeau. « Quand on ignore, dit Jouffroy, la destinée humaine, on ignore celle de la société, et quand on ignore la destinée de la société, on ne peut l'organiser. La solution du problème est donc une foi morale et religieuse. »

Et le plus radical des radicaux de notre temps ne disait-il pas récemment que la question sociale n'existerait pas si le christianisme était pratiqué ?

Je comprenais donc en principe la nécessité d'une religion, et j'admirais son action sociale. Mais je voulais qu'on s'en tînt à la religion naturelle. J'admettais, comme les protestants *libéraux* de nos jours, le Dieu intérieur, mais je rejetais comme pratiques superstitieuses, indignes d'un esprit libre, tout culte extérieur et public, et ce n'est que bien longtemps après, surtout après m'être rendu compte de l'attachement obstiné des masses populaires à un culte public, que je compris les profondes racines qu'il avait dans la nature humaine. Vouloir empêcher, en effet, le sentiment religieux de se manifester extérieurement et publiquement, n'est-ce pas comme si on défendait à la pensée de s'exprimer en paroles ou par écrit ?

Les *intellectuels* qui prétendent que le christianisme a fait son temps, ont-ils bien songé à ce qui arriverait s'il venait, en effet, à disparaître, si « la vieille chanson » cessait un moment de bercer les misères humaines ? Accordons-leur qu'ils soient plus intelligents que les autres. Ils ne nieront pas, en tous cas, que leur état, à ce point de vue, n'est pas celui du plus grand nombre. Pour un homme instruit, un esprit cultivé, combien d'ignorants ! Et même parmi les gens instruits et cultivés, que de lacunes, que de défaillances, que d'incroyables erreurs de jugement et même de sens commun !

C'est étonnant, dit un personnage de comédie, combien les gens d'esprit sont bêtes ! — Et encore, lui répond son interlocuteur, c'est qu'ils ne veulent pas le croire !

Et parmi ce qu'on est convenu d'appeler l'élite d'un pays, combien ont le goût des choses métaphysiques et le temps d'en escalader les sommets ! Et quand ils le font, n'est-ce pas la tour de Babel, qui en est peut-être l'histoire légendaire ?

Est-ce pour cette infime minorité, d'ailleurs impossible à satisfaire, que le grand législateur devait légiférer sans souci de la masse immense qui pense et surtout sent autrement qu'eux ?

En dehors, en effet, des philosophes ou simples lettrés, de ceux qui savent penser et en ont le temps, il y a des foules immenses de pauvres diables en lutte avec les nécessités de la vie, qui ont à peine le temps et la force de gagner leur pain quotidien. *Primo vivere, deinde philosophare*. N'est-ce pas un crime de les faire philosopher tandis que leur existence n'est pas assurée ?

« La religion, disait fort justement l'auteur d'un petit opuscule publié vers 1840, la religion est le canal nécessaire par lequel les idées d'ordre, de devoir, d'humanité, de justice, coulent dans toutes les classes des citoyens. Peu d'hommes ont les moyens et le temps d'acquérir la science ; mais avec la religion on peut être instruit sans être savant. C'est elle, et elle seule, qui enseigne, qui révèle toutes les vérités utiles et nécessaires aux hommes de toutes les conditions (1) ».

M. Barthélemy Saint-Hilaire a résumé d'un trait

____

(1) ALLIGNOL, *De l'état actuel du clergé en France.*

la même idée en disant que « la religion est la philosophie du peuple ». Et c'est une philosophie bien supérieure à celle des philosophes, à laquelle aboutit, pratiquement d'ailleurs, toute philosophie vraiment digne de ce nom. Toutes les religions ont enseigné aux hommes la vertu, le travail et la justice ; la religion chrétienne a couronné ces enseignements en leur apprenant la résignation et le sacrifice. N'ont-elles pas ainsi mieux fait pour les classes déshéritées que ceux qui les poussent à la révolte contre des états de choses qui ne sont souvent que les résultats inéluctables des lois de la nature ?

La religion a fait tout le travail philosophique nécessaire pour ceux qui en étaient incapables : elle leur a donné la substance de la vérité ; elle leur a épargné un temps infini et des erreurs sans nombre. Elle leur a mis en mains un manuel de la vie pratique, qui n'empêche en rien ceux qui ne le trouvent pas suffisant de chercher ailleurs des lumières plus complètes, s'il en existe, mais ne leur donne pas le droit d'exiger que la religion soit faite exclusivement à leur mesure.

IV

Une religion est donc nécessaire, et un culte extérieur en est le corollaire indispensable.

Quelle est la meilleure des religions ?

Dès le début de ma libre pensée, je me suis trouvé plein de préjugés contre la religion catholique, et c'était là, surtout, je crois, un résultat de mes lectures des soi-disant philosophes du xviii° siècle. Voltaire et ses compères me paraissaient alors de très puissants raisonneurs et je trouvais irréfutables la plupart des mauvaises querelles qu'ils ont faites : à la Bible, en y relevant des énormités et des contradictions que je trouve aujourd'hui fort discutables ; à l'Église, en lui imputant des crimes et des erreurs dont elle n'est pas responsable ; à la religion catholique, en la confondant sans cesse avec les abus que la pauvre humanité peut en faire et n'en a que trop souvent faits. Quelle fête pour l'orgueil et la passion débordés, de pouvoir, devant ce déluge de sarcasmes et d'attaques de tout genre, prendre en pitié les générations passées, de croire que la nouvelle philosophie avait pénétré les arcanes de l'histoire et reconnu l'origine humaine de toutes les religions !

Je n'ai compris que plus tard le peu de valeur de ce genre de critique. Il m'a paru, en y réfléchissant, que les voltairiens anciens et modernes étaient peut-être un peu trop exigeants, en voulant que Dieu, occupé à tracer aux Juifs des lois morales, s'interrompît pour leur révéler aussi tous les secrets de la nature, leur parlant un langage entièrement conforme aux données, d'ailleurs si incertaines et si variables, de la science, et qu'il leur fît, par exemple, une petite dissertation astronomique pour remplacer l'image de Josué arrêtant le soleil.

On peut en dire autant des jours de la Genèse, dans lesquels il convient de voir, non pas un traité de cosmogonie, mais un aperçu substantiel très général de la formation du monde, tel qu'il le fallait aux Juifs du temps de Moïse — aperçu, du reste, où il y a beaucoup plus à s'étonner des conformités avec la science moderne qu'on peut y voir, que des contradictions apparentes qu'on peut y découvrir.

La preuve finalement de la fragilité des polémiques voltairiennes se trouve dans le discrédit où elles sont tombées. Combien en reste-t-il qu'un vrai savant de nos jours oserait opposer à l'apologétique chrétienne ?

Ce n'est pas sans peine que j'appris à envisager de haut les traditions juives et à lire ses révélations, sans me laisser arrêter par des considérations ethniques de temps et de lieu.

Il est évident que, dans la Bible et même dans le Nouveau Testament, il y a deux parties très distinctes : l'une qui se rapporte à la vie légendaire du peuple juif, et l'autre qui est un enseignement dogmatique et moral, et qu'il n'est pas de bonne guerre de les confondre — d'autant que, pour tout ce qui concerne la morale, il n'y a pas sujet de doute, et c'était l'essentiel.

Pour tout le reste, on peut trouver que si l'inspirateur des Livres Sacrés n'a pas toujours parlé avec la précision de style d'un notaire ou d'un académicien, c'est qu'il avait peut-être ses raisons pour cela. Et l'une de ces raisons sans doute, c'est qu'il savait qu'on aurait tout autant ergoté sur sa parole, lors même qu'elle eût été plus claire, attendu qu'il est dans notre nature de tout discuter.

Des raisons plus hautes justifient Dieu du reproche qu'on lui fait implicitement de n'avoir pas usé de son omniscience pour parler aux Juifs, en d'autres termes, de ne pas nous avoir révélé d'un coup tous les secrets de l'univers. A-t-on réfléchi que par là il aurait enlevé à l'humanité la plus délicate de ses joies : celle de les découvrir successivement elle-même, outre que nous aurions perdu tout mérite à reconnaître sa grandeur et à lui rendre hommage, puisque nous n'aurions pas eu la peine de chercher ? Est-il nécessaire enfin de faire ressortir tout ce qu'il y a de présomption enfantine à vouloir imposer au grand Être des conditions qui bouleverseraient le système du monde ?

A l'obligation de parler plus clair, il faudrait ajouter celle de donner à tous la même intelligence et le même tempérament, si l'on voulait que les mêmes paroles fussent comprises par tous de la même façon. D'une chose à l'autre, il faudrait tout changer.

C'est pourquoi les obscurités qui jadis m'offusquaient dans ces antiques traditions, produisent aujourd'hui sur moi un effet contraire, et, de même que les nuages orageux sont ordinairement la source de pluies bienfaisantes, je me demande si ce n'est pas dans leur sein que se cachent les plus hautes vérités.

V

L'ORGUEIL

L'homme qui regarde attentivement au fond de son
âme finit toujours par reconnaître, au milieu des
monstres qui y grouillent, le serpent python de Platon, qui n'est autre que le Satan de l'Écriture, en
d'autres termes, l'orgueil, l'insatiable orgueil, qui
est le trait distinctif de la philosophie voltairienne et
de ses disciples modernes. Ils se croient, et beaucoup en sont très naïvement convaincus, — et je ne
prétends pas avoir échappé à ce travers — ils se
croient de cent coudées supérieurs aux générations
précédentes ; ils ont la certitude d'avoir découvert
ce que celles-ci n'avaient pas même soupçonné. De
même que la liberté pour certains politiciens n'a
commencé qu'en 1789, la raison pour eux n'existe
réellement que depuis qu'ils l'ont fait connaître au
monde. Ils se figurent que, si leurs prédécesseurs
avaient su ce qu'ils savent eux-mêmes, s'il avaient
connu par exemple la vapeur et l'électricité, ils auraient été également sceptiques et que leur foi religieuse a été simplement l'effet de leur ignorance.

Les plus réfléchis, tout en subissant cette influence,
ont quelques retours. Pour ma part, je me suis bien
souvent demandé, même avant l'âge mûr, s'il ne

conviendrait pas d'être plus modeste, et dans mon for intérieur je me déclarais à moi-même qu'après tout il n'était ni sage, ni équitable de considérer, sous prétexte de progrès, tant de beaux génies disparus comme des espèces d'imbéciles. Si Bossuet, Leibnitz et tant d'autres grands hommes ont cru à la divinité du Christ, c'est évidemment parce qu'ils avaient trouvé à cela, bien que privés des inventions modernes, des raisons à leurs yeux suffisantes et bien au-dessus de celles que peuvent leur opposer la physique et la chimie, et le fait seul de leur foi me paraissait mériter autre chose que le dédain. Il est clair qu'ils raisonnaient d'une autre façon que nous ; mais je n'admettais pas que leur raisonnement valût le nôtre. Songez donc à tout ce que nous avons appris depuis un siècle, à toutes les conquêtes de l'homme sur la matière, et à la légitime espérance qu'il peut concevoir de devenir le roi de la planète où Dieu l'a placé. Toutefois, il y avait là une masse imposante de convictions qui me troublait.

Ma vieille admiration pour la science moderne s'est un peu modifiée depuis ; je l'admire toujours, mais à la condition qu'elle se tienne à sa place et n'ait pas la prétention de régenter la métaphysique où elle ne peut juger que comme un sourd de musique ou un aveugle de peinture.

Je n'ai jamais trouvé bien sérieux les savants ou prétendus tels qui ont proposé l'Évolution ou le Panthéisme pour remplacer la Genèse. Quand Renan dit que le monde s'est fait tout seul, et qu'il écrit au chimiste Berthelot que « la molécule pourrait bien être, comme toute chose, le fruit du temps, le résultat d'un phénomène très prolongé, d'une agglutination continuée pendant des milliards de milliards de siècles », il est permis de penser qu'il se moquait au fond de son correspondant comme du bon public, et qu'il aurait trouvé infiniment plus d'esprit à ceux qui auraient accueilli son hypothèse par un éclat de rire, qu'à ceux qui l'auraient saluée avec respect omme un trait de génie.

Dans cette dernière catégorie, il faut évidemment ranger les membres de l'ancien conseil municipal de Paris qui ont fait placer sur le socle de la statue de Raspail des inscriptions comme celles-ci : *Donnez-moi une cellule animée de sa vitalité, et je vous rendrai l'univers. A la Science ! Hors de la Science tout n'est que folie ! A la Science, unique religion de l'avenir !*

Au fond du mot de Raspail, il y a bien une idée vraie, celle que Pascal avait déjà exprimée en disant que : « Nous ne savons le tout de rien ». Il appartenait aux auteurs de l'inscription de le rendre grotesque par le commentaire dont ils l'ont accompagné.

Plus tard, le prestige scientifique de notre siècle baissa singulièrement à mes yeux, quand je vis que le progrès moral était loin d'accompagner le progrès matériel, et je compris qu'on pût parler de la faillite de la science.

J'ai été frappé finalement en reconnaissant que toutes les nouveautés métaphysiques, par lesquelles on prétend remplacer la religion chrétienne, sont plus ou moins contenues en germe ou explicitement dans ce qu'on appelait autrefois des hérésies, en sorte que nous ne faisons guère sur ce terrain que rebattre des chemins parcourus et rajeunir des systèmes dont la critique religieuse de nos pères, confirmée par l'expérience des temps, avait déjà fait justice.

Après avoir longtemps considéré la science et la religion comme inconciliables, je me suis demandé si leur antagonisme, dont on fait tant de bruit, est bien réel et ne consiste pas souvent en ceci qu'on fait dire à la religion ce qu'elle ne dit pas, et qu'on fait rendre à la science des arrêts dont elle n'est rien moins que sûre elle-même. Connaissez-vous un Protée pareil à la science ? Elle dément un jour ce qu'elle affirmait la veille. D'ailleurs, sur la raison des choses, elle ne peut aller que d'une hypothèse à l'autre. Plus on est savant, plus on doute. Peut-être n'y a t-il pas lieu par conséquent de tant se préoccuper des rapports de la science et de la religion. Ce sont deux terrains parfaitement distincts. La religion n'est pas incompatible avec la science, elle la domine. Elle la laisse faire, certaine d'avoir tôt ou tard le dernier mot.

VI

LES MYSTÈRES

Le premier mouvement de l'esprit est de s'insurger contre le mystère. Comme il est un défi à notre raison et que notre raison est très orgueilleuse, elle cherche d'abord à le nier. Mais rien n'est plus opiniâtre que le mystère. Il revient sous toutes les formes comme pour nous narguer : au logis, dans la rue, en voyage, partout. Un commis-voyageur rationaliste, à qui l'on venait de servir un œuf à la coque, à une table d'hôte, et qui le dégustait en niant tous les mystères, s'entendit interpeller par un autre voyageur qui lui cria :

— Vous en avez un dans votre assiette !

— Comment cela ?

— Et oui, un œuf : d'où vient-il ?

— D'une poule, parbleu.

— Et la poule ?

— D'un œuf.

— Qui a commencé de l'œuf ou de la poule ?

Notre homme, d'abord interloqué, finit par trouver cette réponse :

— Ni l'un ni l'autre ; ce sont deux types éternels symbolisés par le serpent égyptien qui se mord la queue.

— Peut-être, répartit l'interlocuteur, serait-il plus simple de dire que vous n'en savez rien — ni moi non plus — que de remplacer le mystère de l'œuf par un autre encore plus grand.

Je me souviens qu'au temps où j'étais capable de déraisonner tout aussi bien que notre commis-voyageur, causant des mystères de la religion chrétienne avec un vieil aumônier militaire de mes voisins, je ne lui cachai pas que ma raison en était révoltée. Il me répondit doucement :

— Quand l'expérience vous sera venue avec l'âge, vous verrez les choses autrement et vous comprendrez plus ou moins ce que vous ne pouvez comprendre aujourd'hui.

Il voulut parler d'autre chose, mais j'étais entêté, et je le ramenai à mon sujet, en lui disant que je n'admettais pas les choses qui déroutaient la raison humaine, la sienne comme la mienne.

— Les mystères déroutent notre raison, répondit-il : la belle affaire ! Est-ce que le plus simple coup d'œil sur la nature ne la déroute pas perpétuellement ? Vous n'admettez pas Dieu et homme tout ensemble. Est-ce que nous ne sommes pas corps et âme tout ensemble ? Le comprenez-vous mieux ? Est-ce que vous savez pourquoi les tisanes calment les malades, pourquoi l'opium fait dormir et pourquoi l'arsenic tue ? Et, au lieu de trouver là un motif d'humilité, cette pauvre raison humaine va s'enivrant toujours d'un nouvel orgueil. — A cet orgueil, la religion oppose le mystère. Elle lui montre ainsi une fois de plus qu'elle procède d'inspirations différentes, ne suit pas la même route et tend vers un but plus élevé. La raison cultive la terre, la religion montre le ciel. La religion s'adresse à l'âme : elle désaltère en nous la soif du sublime et de l'infini. Il lui faut un langage à la hauteur de son but. Si elle n'est pas mystérieuse, incompréhensible dans ses dogmes, elle n'est plus la religion. L'homme n'adorera jamais ce qu'il comprend. Il n'est pas dominé par ce qui n'est qu'à sa hauteur. Il n'y a pas de Dieu pour lui, si ce Dieu ne se tient pas à une hauteur infinie, environné de nuages impénétrables. Il faut qu'en inspirant la vénération et l'amour, la religion inspire aussi le respect et la crainte.

Ce discours me parut étrange et je répliquai par des arguments que je croyais irréfutables, et que je n'ose plus répéter aujourd'hui, tellement je leur trouve un caractère de banalité et peu concluants en l'espèce.

Le vieux prêtre finit par me dire :

— Mon ami, vous êtes trop pointu ; j'attendrai que le roulement de la vie ait émoussé vos angles.

Il a fallu du temps, en effet, pour me faire comprendre le peu de compétence de la raison pure dans les questions religieuses, et combien les fondateurs des anciennes religions — en laissant de côté la question d'origine divine — connaissaient mieux la nature humaine que les néo-philosophes de nos jours.

M. Guizot rappelle quelque part les problèmes naturels qui pèsent sur l'âme et sont le fondement de toutes les religions. Il réfute ceux qui veulent abolir le surnaturel, « car la croyance au surnaturel est un fait naturel, primitif, universel, permanent dans la vie et l'histoire du genre humain. Là où la croyance au surnaturel disparaît, la croyance à Dieu disparaît aussi. La science humaine est-elle compétente sur la question du surnaturel ? Reconnaître qu'il y a certaines choses qu'elle ne peut savoir devrait être le premier mot de la science, et c'est lui rendre service que de la ramener dans son domaine quand elle en sort (1) ».

(1) *Méditations*, I, 1re série.

On a vu plus haut le mot de M. de Quatrefages qui voit dans le sentiment religieux le signe distinctif de l'homme. A ce même point de vue, on pourrait définir l'homme un animal qui croit au surnaturel.

Un éminent prédicateur disait, il y a quelques années : « Nous nous plaçons en face de l'univers, non pas avec l'humilité qui devrait courber toutes les têtes, si nous réfléchissions à son immensité, à son organisation sublime et à notre petitesse. Nous nous plaçons en face de l'univers arrogamment, superbement, et nous en abordons l'étude avec la prétention de tout expliquer ».

Nous sommons Dieu de rendre ses comptes ; il devrait nous suffire de contempler son œuvre.

Si Dieu était accessible à nos sentiments humains, on pourrait dire qu'il se venge en nous faisant déraisonner.

Comme le fait observer Bossuet, « les absurdités où tombent les détracteurs de la religion deviennent plus incompréhensibles que les vérités dont la hauteur nous étonne, et pour ne vouloir pas croire des mystères incompréhensibles, ils suivent l'une après l'autre d'incompréhensibles erreurs. »

Avez-vous lu, dans *Tristesses et Sourires* de Gustave Droz, ces paroles de la douairière à son vieux voltairien d'ami Férou ?

« Vous ne voulez plus de culte, de religion, et vous passez votre vie à dire la messe devant des principes plus incompréhensibles cent fois que les dogmes les plus mystérieux ! Vous adorez les vessies, vous sanctifiez les lanternes, vous encensez les girouettes, tout vous est bon pour pontifier. O Férou, comme votre athéisme me rend religieuse ! Comme j'aime Dieu, depuis que vous le niez ! Comme je deviens croyante en face de votre incrédulité savante ! »

Je comprends d'autant mieux la douairière que le spectacle de la coterie maçonnique, où sont venues se concréter toutes les doctes âneries des ennemis du mystère, a certainement beaucoup servi à me rejeter vers les croyances catholiques.

C'est contre sa métaphysique, assez semblable, d'ailleurs, à l'habit d'Arlequin, car elle se compose de tous les rebuts philosophiques du passé, qu'il faut retourner aujourd'hui ce mot du grand ironiste du siècle dernier :

« La métaphysique, c'est lorsque ceux qui écoutent n'y entendent rien, et lorsque celui qui parle ne se comprend pas lui-même. »

Les mystères en religion correspondent à l'instinct religieux qui est dans notre nature. Nous ne voudrions pas d'un Dieu sans mystères. Le monde lui-même sans mystères nous paraîtrait bien fade et bien monotone. C'est pourquoi il n'y a rien de plus universel parmi les hommes que la croyance au surnaturel. Et l'on peut ajouter, avec M. Guizot, qu'il n'y a rien de plus naturel.

VII

LE PÉCHÉ ORIGINEL ET LA PRESCIENCE DIVINE

Quand ma raison, commençant à mieux se rendre compte du système du monde, fut arrivée à cette idée que ses mystères n'étaient peut-être pas aussi déraisonnables qu'ils le semblaient, mon bon sens me dit qu'en tous cas, comme ils étaient plus forts que nous, leur existence ne pouvant être niée, le plus sage était de les prendre tels qu'ils sont et de tâcher de s'accommoder avec eux.

Nous acceptons bien, puisque nos sens ne nous permettent pas d'en douter, qu'un grain de blé mis dans la terre produit un épi et qu'un chêne est le produit d'un gland.

Or, la tradition, qui est l'œil des siècles précédents, nous apprend que le genre humain vient d'un premier homme et d'une première femme créés incompréhensiblement par l'Être incompréhensible que nous appelons Dieu.

Là-dessus, la science proteste. Comme il est impossible de prouver la chose mathématiquement, elle la nie. Il est vrai qu'elle est, de son côté, impuissante à prouver le contraire — également impuissante à trouver une autre solution quelque peu acceptable.

On l'a entendue parler dans le socle de la statue de Raspail.

On a entendu aussi Férou chantant la messe devant l'Evolution.

Si le bon sens populaire comprend encore moins ces histoires que celles de la Bible, qui pourrait bien s'en étonner ?

Mais, s'il faut s'incliner devant le mystère de notre origine, celui du péché originel rapproché de la prescience divine me parut longtemps d'une gravité exceptionnelle. Outre qu'il n'est pas juste de faire porter aux enfants la faute de leurs parents, il me paraissait fort singulier que Dieu, dominant l'avenir, prévoyant, par conséquent, le péché d'Adam et d'Eve, n'eût pas agi, dans sa souveraine bonté, de façon à nous épargner cette fâcheuse éventualité. Il y a donc contradiction dans les idées qu'on se fait de Dieu. Si sa bonté n'est pas en défaut, c'est sa prescience. Il est méchant ou aveugle. Et cela me paraissait un dilemne d'où Jéhovah ne pouvait pas sortir.

Peu à peu j'ai raisonné différemment. Allant du connu à l'inconnu, et ne pouvant mettre en doute l'existence de Dieu, pas plus que l'existence du mal et de la douleur en ce pauvre monde, j'ai cherché dans l'étude de la nature humaine une explication de ce mystère du gouvernement divin, et j'ai trouvé là des lumières qui, si elles n'ont pas dissipé pour moi toutes les ténèbres, ont au moins changé l'aspect de la question et m'ont appris à la considérer avec plus de réserve.

L'essence de l'homme n'est-ce pas la volonté libre, sans laquelle il n'y a ni mérite ni démérite, ni mal ni bien ? Sans liberté d'action, que devient l'être humain ? Pourquoi et dans quel but aurait-il été mis sur la terre ? Autrement, autant vaudrait que la terre eût été peuplée d'automates. Où serait la différence

essentielle entre l'homme et les animaux, si Dieu ne
l'avait pas créé libre ? La liberté admise, l'homme
est responsable de ses actes, et la punition du cou-
pable — dont il est, d'ailleurs, téméraire de déter-
miner la mesure — est la conséquence de la justice
divine qui n'exclut rien moins que la plus large mi-
séricorde. Et c'est précisément tout cela qui constitue la révélation chrétienne, et c'est ainsi que la
véritable philosophie peut se rencontrer avec la
Bible.

Que si l'on ne veut voir dans la version biblique
que l'expression figurée de la sagesse antique pour
expliquer la présence du mal et de la douleur en ce
monde, il faut convenir que, toute extraordinaire
qu'elle nous paraisse, on n'en a pas encore trouvé
de plus acceptable. Le mal et la douleur, en effet,
sont là, et proclament plus haut que la Bible le
péché originel. On peut ne pas le comprendre — on
ne le comprend pas — mais on ne peut le nier, car
il est sous nos yeux patent, quotidien, puisqu'on
voit tous les jours les enfants profiter ou pâtir des
vertus ou des fautes de leurs parents, puisque l'histoire n'est pas autre chose que le tableau successif
des peuples ou des générations, récompensés ou
punis, non seulement selon leurs propres mérites,
mais aussi selon les mérites de leurs prédécesseurs.

VIII

L'ENFER

Ceci me conduit à la grosse question de l'Enfer. Et ici (pas plus qu'ailleurs bien entendu), je ne prétends faire de la doctrine et en savoir plus que les théologiens. Je veux simplement expliquer comment et de quelle façon ce point des enseignements chrétiens, qui me choquait si fort, est devenu pour moi explicable.

Le feu ! L'éternité des peines ! Le cœur se révolte contre ces idées.

Sur le second point, on peut remarquer que si l'éternité des peines est inscrite en principe, elle peut en fait être annulée par le repentir dont nul ne peut assigner la limite et par la relation mystérieuse entre les vivants et les morts qu'établit la prière catholique.

Sur le feu, les théologiens ne sont nullement d'accord, mais il est évident que ce mot, qui répond à une souffrance physique, alors qu'il s'agit de la punition des âmes, ne doit pas être pris au pied de la lettre. Ce qui est de foi, c'est la punition et non le feu. L'enfer peut n'être que le remords de n'avoir pas ouvert son âme à la vérité, de n'avoir pas apprécié, durant la vie humaine, la sublimité des révélations du Christ, le regret de nos fautes et la vue claire de leurs conséquences et de notre honte. Voilà sans doute ce que pensent beaucoup de théologiens, mais ce qu'ils ne se croient pas obligés de prêcher sur les toits. Il y a sur ce sujet dans *L'Eglise et les temps présents* de Mgr Bougaud, un chapitre qu'on devrait faire lire à tous les jeunes prédicateurs. Bien des gens sont incrédules parce qu'ils ne peuvent concilier l'idée de l'enfer, telle qu'elle est trop généralement présentée, avec celle de la bonté de Dieu. Ils accepteraient bien plus aisément l'enfer tel que le conçoit l'éminent prélat. Au reste, la question est fort délicate, et l'auteur en convient lui-même : « Je n'insiste pas. Il y a ici un double écueil à éviter : ou d'atténuer tellement les peines éternelles qu'elles n'effrayent plus les consciences, ou de les exagérer de manière à révolter les âmes et à les faire douter de l'enfer ».

Le même ouvrage rectifie les préjugés trop répandus sur le petit nombre des élus. Ces préjugés, accrédités par un discours de Massillon qu'on aurait dû mettre à l'Index, sont le fait d'une opinion mal éclairée bien plus que de l'Eglise. Le jansénisme a fait ici beaucoup de mal. Il y a beaucoup plus d'élus qu'on ne croit, et Dieu est meilleur que des excès de zèle ne le font entendre. « Nous pouvons espérer, dit le P. Faber, que Dieu ne juge pas comme les hommes et que la grande majorité des catholiques seront sauvés. » De ces paroles on peut rapprocher celle d'un des regrettés collaborateurs de cette collection, qui, après avoir parlé de l'enfer dans le même sens que nous, n'hésite pas, comme le P. Ventura et tant d'autres, à ouvrir le ciel, même aux hérétiques, aux schismatiques et aux païens qui ont été justes et de bonne foi (1).

Une autre conversation avec mon vieil aumônier me revient ici en mémoire. Ce digne prêtre était revenu de ses longues campagnes très frappé de la nécessité d'une forte discipline dans l'armée. Sans doute, disait-il, il y a bien des détails des règlements dont l'infraction n'atteint pas la force de l'armée, mais si on se néglige, si on raisonne, le relâchement dans l'ensemble est à craindre, et rien de plus grave. De même, la discipline est nécessaire dans l'Eglise : pour les dogmes comme pour la pratique courante.

— Est-ce qu'il faut accepter le ciel et l'enfer comme on nous les dépeint ? lui dit quelqu'un.

— Comment les dépeint-on ?

L'interlocuteur peignit un ciel où l'on s'ennuyait et un enfer où l'on rôtissait.

— Il me semble, dit l'aumônier, que ceux qui précisent et matérialisent ainsi la récompense ou la punition qui nous attendent dans l'autre vie, sont bien hardis et ne méritent ni un brevet d'invention ni un compliment sur l'originalité de leur esprit. Soyons plus humbles. Nous savons que Dieu est juste et qu'il nous récompensera ou nous punira mieux que nous ne pouvons l'imaginer. Mais n'allons pas plus loin, et, en songeant que les peintures courantes ont répondu et peuvent encore répondre à des nécessités sociales, sans être des articles de foi, ne nous prononçons sur leur sujet qu'avec réserve. L'enfer est peut-être un gendarme dont on a grossi les traits et la sévérité, mais songeons qu'en le ramenant avant l'heure à des proportions plus humaines, nous risquons d'encourager les maraudeurs.

(1) Voir le *Mal*, par l'abbé Constant, docteur en théologie. Bloud et Barral (*collection Science et Religion*).

— Enfin qu'en pensez-vous ?

— Moi, j'en pense ce qu'il me plaît dans mon for intérieur, et, bien convaincu de la bonté de Dieu autant que de sa justice, je pense avant tout que chacun ferait bien d'imiter à cet égard la prudence de l'Eglise.

IX

Pendant longtemps j'ai considéré la raison comme un juge sans appel, devant lequel il fallait toujours s'incliner, attendu que contester sa compétence, c'était encore la reconnaître, puisqu'il n'y a pas moyen sans elle d'argumenter contre elle.

Et je croyais cet argument irréfutable.

Plus tard, je réfléchis qu'il y avait plus d'une question préalable à vider.

Qu'est-ce d'abord que la raison?

N'est-ce pas un mot sur lequel on a déraisonné beaucoup plus que de raison?

Est-ce une faculté aussi simple qu'on le dit? Est-ce une reine absolue, et n'a-t-elle pas auprès d'elle des conseillers, sans lesquels elle ne peut rendre, suivant les cas, de verdicts parfaitement valables?

On enseigne aux élèves de philosophie que la raison est la faculté pour notre esprit de voir au-delà de l'apparence des choses, de comparer, de juger, en un mot de raisonner. On leur apprend, en outre, que c'est une des trois facultés de l'âme; les deux autres sont la sensibilité et la volonté.

Nous sommes donc en présence d'une trinité psychique dont on a distingué les membres pour les besoins de l'analyse, mais qui n'en constitue pas moins un bloc indivisible.

Pour moi, je pense que l'âme a son instinct comme le corps, pour la prémunir de certains dangers que la raison ne saurait lui montrer, ou pour lui faire apercevoir des vérités qui, autrement, lui resteraient cachées. Cet instinct, qui procède de la sensibilité ou sentiment, est en quelque sorte le prolongement de la raison, sa partie ailée, la plus essentielle pour un certain ordre de connaissances.

Quand il s'agit, par exemple, du grand problème de notre origine et de nos destinées, vouloir que l'homme l'aborde avec la raison pure, la froide raison, c'est vouloir qu'un soldat aille au combat à moitié désarmé. C'est le priver de son arme la meilleure, car le sentiment qui marque la direction à suivre, qui synthétise le but avant qu'on puisse l'apercevoir, porte plus loin que la simple raison. Celle-ci peut lui servir de modérateur, mais elle serait folle de ne pas user de sa flamme et de sa lumière.

C'est dans cet ordre d'idées que M. Ollé-Laprune dit : « Le vrai philosophe pense avec son être tout entier. Il pense, en faisant concourir à sa pensée et l'imagination et le sentiment, et d'une certaine manière l'organisme même, car il pense en homme et humainement. Il pense en s'appuyant sur le sol qui le porte, en demeurant en contact avec l'humanité dont il fait partie, avec les vivants, avec les morts ; la pensée d'autrui, la pensée du genre humain, grâce à la parole, lui sont présentes et entrent dans sa substance. Il pense enfin, attaché à Dieu, principe, soutien, lumière, règle de toute pensée... Qu'on aille à la recherche de la vérité avec une âme mutilée, c'est ce que je ne puis comprendre... »

Le rationalisme qui, en fait, est la négation brutale de toute religion, est, en théorie, la prétention d'obliger la religion à donner la preuve des vérités qu'elle enseigne. Il n'y a pas, dit-il, deux ordres de connaissances : la science et la foi ; les articles de foi ne sont pas admissibles sans un certificat de la science.

En quoi le temps et la réflexion m'ont fait voir qu'il commettait une grosse erreur, en méconnaissant les droits du sentiment et en voulant faire juger à la raison pure des questions qui ressortent du tribunal tout entier.

La Raison dans mes vers conduit l'homme à la Foi,

dit Racine le fils, entendant évidemment par ce mot l'action combinée de la raison pure et du sentiment. Les théologiens ne sont pas tout à fait de son avis ; ils pensent que la raison peut produire un état favorable à la foi, mais qui doit être fécondé par la grâce.

Qu'on le veuille ou non, l'âme est invinciblement portée à une synthèse suprême, à une foi quelconque. Pour arriver à la meilleure, ce n'est pas trop de toutes les facultés de l'esprit et du cœur. Il faut de plus, croyons-nous, quelque humilité personnelle, ce qui se rapproche de la thèse des théologiens ; et le Moyen Age, ce siècle de soi-disant obscurantisme, montrait plus de connaissance de la nature humaine que les novateurs modernes, quand il disait :

Nulla ratio si non sit oratio ;

il n'y a pas de raison sans oraison ; ce qui signifie simplement que la raison s'égare si elle ne reconnaît pas un principe supérieur et ne sait pas s'humilier devant lui. L'oraison est aussi une sorte de retour sur soi-même : *recogitatio* ; en sorte que ce mot veut dire à la fois prière et réflexion.

La raison, telle qu'on la conçoit de nos jours, qui refuse de s'incliner devant un Etre supérieur, qui prétend se passer de lui et ose tenir pour non avenues les traditions de foi des générations précédentes, est exactement le contrepied de la haute raison d'autrefois qui priait et réfléchissait. Elle n'est pas autre chose, en définitive, que la déification du moi, et comme il n'y a rien de si dissemblable que le moi, comme la raison pour chacun est sa propre raison et non pas celle du voisin, on conçoit la confusion et le désordre qui doivent résulter d'un pareil système.

Les catholiques ne repoussent pas la raison, mais seulement son emploi exclusif et surtout son rôle dominant dans la recherche de la vérité. Ils disent que la religion vient de Dieu comme la foi, et qu'il n'y a pas, qu'il ne peut pas y avoir entre elles de véritable désaccord. Ils enseignent qu'il y a deux ordres de connaissances, qu'on arrive aux uns par la raison, et aux autres par la foi.

Ils font observer que les actes de foi sont la monnaie courante de l'existence, et que les plus savants eux-mêmes sont obligés d'en faire constamment, n'ayant ni le temps ni parfois la possibilité de vérifier les conclusions qu'ils ont adoptées sur la foi d'autrui. En dehors des physiciens, combien, par exemple, peuvent se rendre compte du nombre incroyable de vibrations que représentent la chaleur, la lumière et l'électricité ? Et en dehors des astronomes, combien ont de sérieuses raisons de croire que la terre tourne autour du soleil, et que l'univers est peuplé d'une infinité de mondes, dont le nôtre peut à peine donner une idée ! Par suite de quoi, on a bien raison de dire que la science exige encore plus d'actes de foi que la religion.

Ici encore il nous faudrait insister sur la prodigieuse marque d'orgueil que donnent ceux qui prétendent aujourd'hui, avec leur parcelle de raison, ne pas avoir à tenir compte du majestueux ensemble des traditions du passé.

Celui-ci pourrait, en se plaçant sur leur propre terrain, répondre qu'il a donné le plus bel exemple de l'exercice de la raison humaine : celui de cette même raison sachant se brider elle-même, s'assujettissant volontairement à certaines règles, dont elle a reconnu la justice et l'utilité.

Est-ce que la raison ne trouve pas partout, dans ses propres réflexions comme dans le spectacle des faits, des motifs de se brider ?

Quelle est la plus raisonnable, de la raison qui ne veut reconnaître aucune limite, aucune supériorité, aucune mesure, ou de celle qui, convaincue par l'étude d'elle-même, par le sentiment de son impuissance, par l'expérience de la vie, s'incline devant la majesté et la puissance de l'inconnu, tient compte des traditions, accepte les mystères, subit l'influence religieuse ?

Il est évident qu'une foule de choses sont au-dessus de notre intelligence.

Cependant nous sommes pressés de savoir, de connaître, de *relier* le visible à l'invisible, la matière à l'esprit. La foi est une nécessité de notre esprit, un besoin de notre cœur. La foi, c'est la confiance en Dieu, le repos dans un état d'esprit supérieur. C'est une sorte de vie surnaturelle.

La preuve en est dans le fait qu'elle a poussé spontanément partout où il y a eu une société humaine.

N'est-ce pas la plus haute raison que celle qui nous dit : Acceptez celle des religions qui vous pa-

raîtra la meilleure — qu'elle soit le produit d'une révélation, ou seulement le produit de la sagesse et de
l'expérience des siècles ?

En examinant de plus près les deux facultés maî-
tresses de l'âme : la raison et le sentiment, il me
parut qu'elles correspondaient à deux besoins également puissants : celui de raisonner et celui de
croire. Ces deux facultés se suppléent parfois l'une
l'autre, mais il est rare qu'aucune d'elles se laisse
complètement étouffer. Le malheur est que chacune
a des partisans exclusifs.

Quand la raison s'éveille et commence à se pos-
séder, il est difficile d'échapper à ses ivresses et à
ses entraînements, et l'on est toujours disposé à lui
sacrifier la part de l'autre légitime maître du logis.
Plus tard, celui-ci se fait apprécier à son tour et re-
prend ses droits. Les épreuves de ce bas monde,
auxquelles personne n'échappe, donnent naissance à
des pensées et à des aspirations que la raison ne
peut satisfaire et provoquent une révolution morale
dans laquelle le sentiment religieux prend sa re-
vanche et empiète même quelquefois sur le domaine
de la raison. Heureux ceux qui savent s'arrêter au
point juste et maintenir l'équilibre entre ces deux
souverains de l'âme humaine !

X

DEO IGNOTO

Qui que tu sois, Cause suprême, Etre incompréhensible, écoute mon humble prière.

Je puis me tromper dans ma façon de te concevoir, mais c'est toujours ta réalité divine que j'adore à travers les nuages dont tu as voulu t'envelopper.

Sois indulgent aux efforts que je fais pour me rapprocher de toi, au moyen de l'intelligence que tu m'as donnée.

Est-il vrai qu'outre les révélations qui jaillissent de la grandeur et de la magnifique harmonie de l'univers, et de celles que nous trouvons au fond de notre conscience, tu as voulu nous parler directement par une bouche humaine ?

Est-il vrai que tu as daigné venir à nous, en la personne du Christ, pour nous enseigner la pure doctrine de la charité, de l'abnégation, du sacrifice, jusque-là ignorée de la pauvre humanité ?

Ma raison refuse encore de croire à cette manifestation extraordinaire et ne veut voir dans le Christ que le plus grand des législateurs humains. Toutefois, comme rien ne répond mieux que la vie et les enseignements du Christ à l'idéal divin, elle se demande s'il est juste de lui refuser les hommages que ce caractère nous impose.

En supposant qu'il ne soit pas Dieu, pourrais-tu, grand Être inconnu, trouver mauvais que nous l'adorions, puisque c'est toi que nous adorerions en lui ?

XI

LA RÉVÉLATION CHRÉTIENNE

Voilà l'état d'âme dans lequel je suis resté bien longtemps avant d'arriver à la foi chrétienne.

J'avais beau me dire, avec Rousseau, que « l'Evangile a des caractères de vérité si grands, si frappants, si parfaitement inimitables, que l'inventeur en serait plus étonnant que le héros », mon esprit ne pouvait se décider à admettre tant de dogmes mystérieux, et notamment l'Incarnation, trouvant qu'il y avait là un bien petit moyen pour un Etre aussi grand que Dieu.

Il est vrai qu'après m'être efforcé de trouver mieux, je revenais bredouille et passablement écœuré de mon voyage à travers les systèmes qu'on a essayé de mettre à la place. Peut-être aussi la violence et la mauvaise foi des attaques dirigées contre le christianisme, en me le rendant plus sympathique, ont-elles contribué à diminuer la distance qui me séparait de lui.

L'histoire m'apprit qu'il avait été dans le passé calomnié au delà de toute mesure, en même temps que le spectacle du temps présent me montrait ses ennemis d'aujourd'hui aussi intolérants qu'ont pu l'être les plus fougueux persécuteurs d'autrefois,

outre que ce nouveau fanatisme est infiniment plus
bête que ne semblaient le comporter les mœurs
actuelles. — A preuve, la mesure du Franc-Maçon,
ministre de la marine, interdisant le deuil des na-
vires le vendredi saint, sachant bien que le moral de
l'immense majorité des marins sera atteint par cette
blessure faite à leur sentiment religieux — de même,
d'ailleurs, que l'âme du pays tout entier est atteinte
par la politique anti-religieuse que nous subissons.

Car la terre est un navire, et les marins qu'elle
porte dans l'espace ont encore plus que ceux de nos
mers des motifs d'adorer le suprême Inconnu et de
chercher dans la foi des motifs de force et d'espérance, en attendant qu'on ait trouvé ailleurs — si
cela se peut en dehors du christianisme — le mot
de l'énigme, c'est-à-dire le secret de leur origine et
de leur destinée. Et ceux qui prétendent réprimer
en eux ce besoin naturel de respect et de foi, non
seulement font preuve de présomptueuse ignorance,
mais encore commettent une mauvaise action, en
risquant de paralyser l'action du grand équipage de
l'humanité et de lui enlever la confiance nécessaire
à sa difficile navigation.

Un autre exploit de la Franc-Maçonnerie, — car
c'est chez elle qu'il faut toujours chercher le dernier
mot des aberrations modernes, exploit d'ailleurs
particulièrement ridicule — a été de déshabiller la
plus belle des vertus chrétiennes pour lui mettre des
habits de garçon en la baptisant Altruisme. La Charité
s'en est vengée, en continuant ses miracles de bien-
faisance, tandis que le malheureux altruisme attend
encore, au fond des loges, l'effet de cette mascarade
réjouissante.

Étudiant le christianisme plus à fond, je vis mieux
tout ce qu'il contient d'harmonie avec les lois de
l'âme, de la société et de la nature. Il n'y a rien en

lui, comme dit de Maistre, qui n'ait ses racines dans les dernières profondeurs du cœur humain.

Les sacrements, dans lesquels je ne voyais jadis que des pratiques superstitieuses, me frappèrent par leur intime connaissance de notre nature. N'avons-nous pas vu, l'autre jour, un journal protestant d'Allemagne, regretter que la Réforme ait aboli la confession — rappelant, sans s'en douter, le mot de Lamennais, que la confession a été créée pour empêcher le péché de pourrir au cœur de l'homme ? Et cette réforme serait probablement vite effectuée dans le protestantisme, si elle n'en impliquait une autre que les pasteurs n'accepteront jamais, c'est-à-dire le retour au célibat ecclésiastique, attendu que la qualité de confesseur et celle d'homme marié sont incompatibles.

L'Eucharistie, le plus incompréhensible des mystères, non seulement parle au cœur, mais laisse soupçonner sa compréhensibilité à chaque découverte de la science, laquelle tend de plus en plus à formuler le principe : Tout est dans tout. Si on connaissait bien à fond le mystère d'une goutte d'eau, on connaîtrait celui de l'univers.

Quand les savants disent que les ailes du cousin exécutent quinze mille battements par seconde ; qu'il faut trois millions d'atomes d'éther pour faire une molécule qui n'a pas un millimètre de long ; que ces atomes, pour produire la chaleur et la lumière, font quatre cent trente trillions d'ondulations par seconde ; que les rayons Rœntgen donnent jusqu'à deux quintilions de vibrations à la seconde et qu'il existe dans les agents de la nature des vibrations encore plus nombreuses, etc., etc., est-ce qu'ils ne présentent pas aux intelligences, même les plus cultivées, des mystères non moins inconcevables que ceux de la religion chrétienne ?

La prière chrétienne qui, je dois l'avouer, m'avait souvent ennuyé quand j'étais jeune, et dont je n'avais pas saisi plus tard la profonde philosophie, m'apparut comme un lest et une consolation : elle nous retient dans le sentiment de notre petitesse et elle nous fait trouver un charme dans la contemplation de l'idéal divin dont elle évoque la présence et le secours. Il n'est pas besoin de formules pour la véritable prière : il suffit d'élever son âme à Dieu ; les plus courtes et les plus simples sont les meilleures. La prière produit tous les jours des miracles d'apaisement, de patience et de courage. Et comme ses effets heureux apparaissent parfois avec la dernière évidence, les rationalistes ont imaginé une explication ingénieuse : ce n'est pas d'elle que viennent les résultats merveilleux qu'on ne peut nier, c'est de *l'autosuggestion*. Une dame, à qui son médecin, disciple de Charcot, faisait cette réflexion, lui disait finement le lendemain : Je vais bien mieux aujourd'hui, m'étant très bien antosuggestionnée, grâce à Dieu !

Où trouve-t-on ailleurs que dans la doctrine chrétienne les satisfactions que peuvent désirer une haute intelligence et un cœur délicat ?

Et Montesquieu, n'a-t-il pas raison de dire : « La religion chrétienne, qui ne semble avoir d'autre objet que la félicité de l'autre vie, fait encore notre bonheur en celle-ci ? »

Plus j'ai vu, plus j'ai étudié, plus il m'a paru que tous les systèmes soi-disant philosophiques ne faisaient que remplacer la révélation chrétienne par des suppositions encore plus invraisemblables, compliquant les problèmes au lieu de les résoudre, sans parler de leurs effets déplorables sur la vie individuelle et sociale.

Les Evangiles sont aussi remarquables par ce qui

s'y trouve que par ce qui ne s'y trouve pas. Que l'on veuille bien songer aux démentis que l'expérience des temps et les découvertes de la science auraient pu donner à une inspiration moins éclairée que celle du Christ. Or, sa doctrine est inattaquable aujourd'hui comme il y a vingt siècles. De là à la considérer comme divine, y a-t-il bien loin ?

Si les preuves historiques de la divinité du Christ me paraissaient insuffisantes, les preuves morales m'éblouissaient.

Les philosophes de nos jours insistent, comme ceux du siècle dernier, sur les analogies que présente le christianisme avec d'autres religions plus anciennes. Tous les dogmes chrétiens, la morale chrétienne elle-même, se retrouveraient, suivant eux, dans les livres sacrés de l'Egypte, de l'Inde et de la Chine. Jésus ne serait qu'un plagiaire de Boudha ou de Confucius.

Tout cela est faux ou exagéré. La révélation chrétienne n'exclut pas la révélation naturelle qui parle à l'homme par sa raison et qui a trouvé de beaux interprètes dans les philosophes anciens et dans les fondateurs des vieilles religions, mais qui n'a pas dépassé les notions de justice, de bonté et d'humanité, tandis que la révélation chrétienne s'est élevée à une sublimité morale qu'on n'avait pas soupçonnée jusque-là :

Par le précepte de rendre le bien pour le mal ;

Par le sacrifice ;

Par la promesse de miséricordes infinies ;

Par la fusion de l'âme humaine dans l'idéal divin, contenue dans l'Eucharistie ;

Par un ensemble de sentiments et de doctrines, tellement au-dessus de l'humanité, qu'ils faisaient dire à Lamartine :

Oui, de quelque faux nom que l'avenir te nomme,
Nous te saluons Dieu, car tu n'es pas un homme.
L'homme n'eût pas trouvé dans notre infirmité
Le germe tout divin de l'immortalité,
La clarté dans la nuit, la vertu dans le vice,
Dans l'égoïsme étroit la soif du sacrifice,
Dans la lutte la paix, l'espoir dans la douleur,
Dans l'orgueil révolté l'humilité du cœur,
Dans la haine l'amour, le pardon dans l'offense,
Et dans le repentir la seconde innocence.
Notre encens à ce prix ne saurait s'égarer,
Et j'en crois des vertus qui se font adorer.

Finalement, comment ne pas être frappé de l'œuvre accomplie par le christianisme ?

Comme on reconnaît l'arbre à ses fruits, c'est à son action sur le monde qu'on doit reconnaître la vraie religion.

Et comme le christianisme seul a produit et produit tous les jours les vertus que la voix unanime des consciences proclame supérieures à l'humanité : l'humilité, la chasteté, le sacrifice ; comme il a ainsi renouvelé le monde et qu'il est impossible de nier son triomphe historique qui est un miracle autrement grand que ceux des Evangiles, il me parut qu'il n'était que juste et raisonnable de lui reconnaître un caractère supérieur au pouvoir de l'humanité.

XII

JÉSUS-CHRIST EST-IL DIEU ?

Une pensée, déjà exprimée dans la prière *Deo ignoto*, devint bientôt, chez moi, l'idée dominante.

Si le Christ n'est pas Dieu, il est au moins dans la direction de Dieu.

C'est Dieu qu'on adore en lui.

On peut se tromper dans la forme ; on ne se trompe pas dans le fond, dans le but.

En nous montrant Dieu en lui, notre raison, guidée par un sentiment supérieur, ne se trompe pas.

Lors même que le Christ ne serait pas Dieu, il serait encore sage, pour ceux qui répugnent à cette hypothèse, de l'accepter comme tel.

Qui de nous, en effet, est capable de se faire une idée de Dieu, de le définir autrement que par la formule très haute, très vague, que c'est l'idéal, le résumé de toutes les perfections et de toutes les puissances, sans qu'aucune forme, aucune expression, puisse donner sa mesure ?

Notre cerveau étant incapable de le comprendre autrement, pourquoi lui refuserions-nous le droit de

se montrer à nous sous une forme et dans des conditions accessibles à nos sens et à notre intelligence ?

En ajoutant à cela que le Christ représente la vie
la plus pure, la morale la plus élevée, tout ce qui répond le mieux à l'idéal divin, il me sembla que je
réfutais très raisonnablement toutes les objections
tirées de l'invraisemblance d'un Dieu fait homme
pour venir nous révéler les plus sublimes vérités.

J'ai été heureux de retrouver depuis, dans une
conférence de M. Brunetière, quelques traits du
travail intime qui s'était opéré dans mon esprit : « Il
s'agit de savoir, dit l'éminent académicien, non pas
si Jésus-Christ est Dieu, car ce mot Dieu représente
un idéal de puissance et de perfection au-dessus de
notre connaissance ; mais de savoir si sa morale et
son œuvre sont divines, et par conséquent se rap-
prochent le plus de ce que signifie pour nous l'idéal
divin. Cela admis, qu'on l'appelle fils de Dieu, en-
voyé de Dieu, ou même grand homme inspiré de
Dieu, il me semble qu'il y a là une question de logo-
machie plutôt qu'une question de fond. Ne pouvant
juger des choses divines que par les lumières que
nous donnent nos sens, ou notre raison servie et aussi
desservie par les sens, ne pouvant juger des choses
de l'en haut que comme les poissons, par exemple,
pourraient juger des choses humaines, il nous semble
que ce mot de fils de Dieu — et par suite la question
vitale du christianisme, l'Incarnation — n'est pas de
nature à rebuter un vrai philosophe... »

Cette question de l'Incarnation me rappelle une
conversation avec l'illustre traducteur d'Aristote,
M. Barthélemy Saint-Hilaire, qui m'honorait de son
amitié, et avec qui j'ai fait plus d'une excursion métaphysique dans les dernières années de sa vie.

La *Somme* de saint Thomas d'Aquin et Platon, dont

il faisait à quatre vingt-dix ans une nouvelle édition, étaient alors ses deux lectures de prédilection. Ce n'était pas un croyant, mais c'était le plus honnête des penseurs libres. Son opinion sur le catholicisme est tout entière dans ces quelques mots qu'il me disait trois ou quatre mois avant sa mort : « J'admire les catholiques ; je suis avec eux en tout, excepté sur l'Incarnation ». Je lui exposai les raisons qui pouvaient faire accepter l'Incarnation par un philosophe, raisons qu'il écouta attentivement et sans y répondre, comme s'il se réservait d'y réfléchir. A mon retour du Midi, au mois de novembre, on me dit qu'il était mort la veille ; j'assistai à ses obsèques à l'église Saint-Honoré d'Eylau, et j'appris qu'il avait exprimé dans son testament le désir que son corps y fût porté, « si M. le curé voulait bien le recevoir » ; en quoi je vis l'indice que ce grand et honnête esprit avait peut-être, depuis notre conversation, fait un pas de plus vers le but auquel devait le conduire un jour ou l'autre sa haute raison.

En jugeant des autres par moi-même et en analysant mes sentiments de l'époque où je n'admettais pas encore la divinité du Christ, je me demande si beaucoup d'incroyants de bonne foi ne sont pas la dupe d'une sorte d'illusion intellectuelle qui leur fait dire : « Je ne puis y croire », alors qu'ils veulent dire simplement : « Je ne puis le comprendre ».

Si, avec cela, disait mon vieil aumônier, comprenant la grandeur et la beauté de la religion chrétienne, ils sont véritablement animés du désir d'y croire, c'est qu'ils ont la foi sans le savoir ; Dieu ne leur en demande pas davantage. Et de là aussi cette parole si profonde que l'Eglise adresse aux cœurs anxieux : On croit quand on veut croire !

Et voilà par quelle série d'impressions, de raisonnements et d'aspirations au mieux, après une foule de déceptions et de mécomptes dans la forêt du doute et de l'incrédullité, j'en suis venu à penser que le plus sage était encore d'accepter la révélation chrétienne comme étant la solution la plus rationnelle des mystères du monde et la plus haute philosophie qu'aient entendue les oreilles humaines.

FIN

TABLE DES MATIÈRES

Au lecteur 5
   I. — Le premier des mobiles antichrétiens. . . 9
  II. — L'idée de Dieu 12
 III. — Nécessité d'une religion et d'un culte. . . 17
 IV. — L'Eglise et les philosophes 23
  V. — L'orgueil 26
 VI. — Les mystères 30
VII. — Le péché originel et la prescience divine . 35
VIII. — L'enfer 38
 IX. — La Raison et la Foi 42
  X. — Deo ignoto. 48
 XI. — La révélation chrétienne 50
XII. — Jésus-Christ est-il Dieu ? 56

FIN DE LA TABLE

SAINT-AMAND (CHER). — IMPRIMERIE BUSSIÈRE